El Camino Hacia la Prosperidad: Hábitos Para una Vida Plena en Familia, Finanzas y Amor

Arthur Anderson

El Camino Hacia la Prosperidad: Hábitos Para una Vida Plena en Familia, Finanzas y Amor

Arthur Anderson

Published by Arthur Anderson, 2024.

While every precaution has been taken in the preparation of this book, the publisher assumes no responsibility for errors or omissions, or for damages resulting from the use of the information contained herein.

EL CAMINO HACIA LA PROSPERIDAD: HÁBITOS PARA UNA VIDA PLENA EN FAMILIA, FINANZAS Y AMOR

First edition. March 17, 2024.

Copyright © 2024 Arthur Anderson.

ISBN: 979-8224986583

Written by Arthur Anderson.

Contenido

Desarrollo Personal: Fomentar el crecimiento personal en todos los miembros de la familia.

Hábitos de Lectura y Aprendizaje en Familia: Cómo fomentar la educación continua.

Emprender en Familia: Consideraciones para iniciar un negocio familiar exitoso.

La Importancia de las Tradiciones Familiares: Cómo las tradiciones pueden fortalecer los lazos familiares.

Hábitos de Comunicación Financiera en Pareja: Mantener conversaciones financieras saludables en una relación amorosa.

Planificación de Metas en Familia: Establecer y perseguir metas juntos.

Construyendo un Legado Familiar: Consideraciones sobre el patrimonio y la herencia.

Hábitos para una Crianza Positiva: Cómo criar hijos felices y saludables.

Apreciación de las Pequeñas Cosas en la Vida: Enfoque en la felicidad cotidiana.

Celebración del Éxito en Familia: Cómo celebrar logros y fortalecer los lazos familiares.

La Importancia de los Hábitos: Introducción a cómo los hábitos pueden transformar la vida en estas tres áreas clave.

En la vasta travesía de la vida, a menudo nos encontramos buscando el camino hacia la prosperidad. Pero, ¿qué es la prosperidad, en realidad? No es simplemente la acumulación de riqueza material, ni se limita a alcanzar el éxito en una sola área de nuestras vidas. La verdadera prosperidad es un equilibrio, una armonía, una intersección de tres elementos esenciales: la familia, las finanzas y el amor. En "El Camino hacia la Prosperidad: Hábitos para una Vida Plena en Familia, Finanzas y Amor", exploraremos cómo los hábitos pueden ser la brújula que nos guía hacia este equilibrio deseado.

En nuestro día a día, vivimos en piloto automático más de lo que nos damos cuenta. Realizamos tareas rutinarias y tomamos decisiones sin pensar demasiado en ellas. Estos son nuestros hábitos, las acciones que repetimos de forma casi inconsciente. Pero, ¿qué sucede si empezamos a prestar atención a estos hábitos? ¿Podríamos cambiar conscientemente aquellos que nos impiden prosperar y desarrollar nuevos que nos lleven hacia el éxito en familia, finanzas y amor?

Este libro es un viaje de autodescubrimiento y transformación personal. Exploraremos cómo cada pequeño acto diario, cada hábito que cultivemos, tiene el poder de alterar nuestra realidad en formas sorprendentes. Los hábitos no solo moldean nuestra conducta, sino que también forjan nuestra identidad y determinan nuestro destino.

En las próximas páginas, descubriremos cómo los hábitos pueden ser una fuerza motriz que nos permita mejorar la comunicación en la familia, cultivar la empatía en nuestras relaciones, tomar decisiones financieras más sabias y nutrir conexiones amorosas más sólidas. A través de ejemplos concretos y consejos prácticos, aprenderemos cómo los pequeños cambios en nuestra rutina diaria pueden tener un impacto profundo y duradero en nuestras vidas.

A medida que exploremos las áreas clave de la familia, las finanzas y el amor, descubriremos que la prosperidad no es un objetivo lejano, sino un camino que se despliega ante nosotros mientras avanzamos. Cada hábito que adoptemos nos acercará un paso más a una vida plena y satisfactoria en estas tres áreas fundamentales.

Así que, prepárate para embarcarte en este emocionante viaje. A lo largo de estas páginas, encontrarás la inspiración y las herramientas para convertirte en el arquitecto de tu propia prosperidad. Cada palabra que leas te recordará que tienes el poder de transformar tu vida a través de los hábitos que elijas cultivar. ¡Comencemos juntos este extraordinario camino hacia la prosperidad!

Comunicación Efectiva en la Familia: Consejos para mejorar la comunicación entre los miembros de la familia.

La comunicación es el pegamento que une a una familia. Es la vía por la cual compartimos nuestras alegrías, preocupaciones, logros y desafíos. Sin embargo, a pesar de su importancia crítica, a menudo subestimamos el impacto que una comunicación deficiente puede tener en nuestras relaciones familiares.

En "El Camino hacia la Prosperidad", reconocemos que la comunicación efectiva es uno de los cimientos más sólidos para construir una familia unida y armoniosa. Mejorar la forma en que nos comunicamos con nuestros seres queridos no solo fortalecerá los lazos familiares, sino que también abrirá la puerta a una comprensión más profunda y a la resolución constructiva de conflictos.

Escucha Activa: La verdadera comunicación no es solo hablar, sino también escuchar. Presta atención a lo que dicen los demás, muestra interés genuino y haz preguntas para entender mejor sus puntos de vista.

Tiempo de Calidad: Dedica tiempo de calidad a estar juntos como familia, sin distracciones electrónicas. Esto fomentará conversaciones significativas y fortalecerá los vínculos.

Expresión de Sentimientos: Anima a los miembros de la familia a expresar sus sentimientos de manera abierta y honesta. Crea un ambiente donde todos se sientan seguros compartiendo sus emociones.

Comunicación No Verbal: Recuerda que la comunicación no verbal también es poderosa. El lenguaje corporal, el contacto visual y las expresiones faciales transmiten mucho. Asegúrate de que tu lenguaje no verbal refuerce tus palabras.

Respeto Mutuo: Fomenta el respeto en todas las conversaciones familiares, incluso cuando se discuten temas difíciles. Evita el sarcasmo, la crítica destructiva y el desprecio.

Comunicación Asertiva: Enseña a los miembros de la familia a expresar sus necesidades y deseos de manera asertiva, evitando la agresión o la pasividad. Esto promoverá la resolución de conflictos de manera más efectiva.

Solución de Problemas: Enfoca las conversaciones en encontrar soluciones a los problemas en lugar de centrarte en culpar o señalar. Juntos, trabajen hacia soluciones que beneficien a todos.

Empatía: Practica la empatía al intentar comprender las perspectivas de los demás, incluso si no estás de acuerdo. Esto promoverá la comprensión y la tolerancia.

Comunicación Regular: Mantén la comunicación regular como una prioridad en la familia. Esto significa no solo hablar cuando surgen problemas, sino también celebrar logros y momentos felices.

Aprender de los Errores: A veces, las comunicaciones fallan. Lo importante es aprender de los errores y comprometerse a mejorar la comunicación en el futuro.

Hábitos de Empatía en las Relaciones Familiares: Cómo cultivar la empatía en el hogar.

La empatía es la capacidad de comprender y compartir los sentimientos de los demás. Es una habilidad fundamental en cualquier relación, pero su importancia se vuelve aún más relevante en el entorno familiar. Cultivar la empatía en el hogar no solo fortalece los lazos familiares, sino que también crea un ambiente en el que todos los miembros se sienten valorados y comprendidos.

En "El Camino hacia la Prosperidad", reconocemos que la empatía es un pilar esencial para construir relaciones familiares sólidas y saludables. Aquí, exploraremos cómo desarrollar hábitos de empatía en el hogar puede transformar positivamente la dinámica familiar:

Modelo de Comportamiento: Como padres y cuidadores, es fundamental modelar la empatía. Los niños aprenden observando a los adultos que los rodean, por lo que mostrar empatía en tus propias interacciones les enseñará su importancia.

Fomentar la Escucha Activa: Enseña a los miembros de la familia a escuchar activamente a los demás. Esto significa no solo oír las palabras, sino también prestar atención a las emociones detrás de ellas.

Promover el Diálogo Abierto: Crea un ambiente en el que todos se sientan cómodos compartiendo sus pensamientos y sentimientos sin miedo al juicio o la crítica.

Ponerse en el Lugar del Otro: Fomenta la práctica de ponerse en el lugar del otro. Anima a tus hijos a pensar en cómo se sentirían si estuvieran en la situación de su hermano, hermana o cualquier otro miembro de la familia.

Validar Emociones: Aprende a validar las emociones de tus seres queridos, incluso si no las comprendes completamente. A veces, saber que alguien te entiende y acepta tus sentimientos es suficiente para aliviar la tensión.

Mostrar Empatía en los Momentos Difíciles: En situaciones de conflicto o estrés, es cuando más se necesita la empatía. Ayuda a los miembros de la familia a ver las cosas desde el punto de vista de los demás y a buscar soluciones juntos.

Promover la Comunicación Abierta: Incentiva a tus hijos a comunicarse abierta y honestamente acerca de sus preocupaciones y desafíos. La empatía surge naturalmente cuando comprendemos las luchas y alegrías de los demás.

Celebrar las Diferencias: Reconoce y celebra las diferencias en la familia. Cada miembro es único, con sus propios pensamientos, sentimientos y perspectivas. Aprende a apreciar estas diferencias y a verlas como una fuente de enriquecimiento.

Practicar la Paciencia: La empatía a menudo requiere paciencia. No todos procesan sus emociones de la misma manera ni al mismo ritmo. Permítete y permite a los demás el tiempo necesario para expresar sus sentimientos.

Reforzar la Empatía con Acciones: La empatía no se trata solo de palabras; también implica acciones. Ayuda a los miembros de la familia a desarrollar la empatía actuando de maneras que reflejen comprensión y apoyo.

Planificación Financiera Familiar: Estrategias para gestionar eficazmente las finanzas en familia.

La planificación financiera es un aspecto crucial de la vida familiar, y su importancia no debe subestimarse. Cuando las finanzas se gestionan de manera efectiva en el hogar, se crea una base sólida para el bienestar económico, la seguridad y la capacidad de alcanzar metas financieras a corto y largo plazo. En "El Camino hacia la Prosperidad," exploraremos cómo la planificación financiera familiar puede ser un pilar fundamental para lograr la prosperidad en todas las áreas de la vida.

Establecer Objetivos Financieros en Conjunto: Iniciar la planificación financiera familiar implica que todos los miembros de la familia participen en la identificación de metas financieras comunes. Esto podría incluir objetivos a corto plazo, como unas vacaciones familiares, así como metas a largo plazo, como la educación universitaria de los hijos o la jubilación.

Crear un Presupuesto Familiar: El presupuesto es una herramienta esencial para administrar los ingresos y los gastos de la familia. Ayuda a asignar recursos de manera eficiente y a controlar los gastos innecesarios. Además, permite a la familia mantenerse en el camino hacia el logro de sus objetivos financieros.

Fomentar la Educación Financiera: Invertir tiempo en educar a todos los miembros de la familia sobre conceptos financieros básicos es crucial. Esto incluye enseñar a los niños sobre el valor del dinero, el ahorro y la responsabilidad financiera.

Establecer un Fondo de Emergencia: Un fondo de emergencia es esencial para hacer frente a gastos imprevistos, como reparaciones del hogar o gastos médicos inesperados. Al tener un colchón financiero, la familia puede evitar recurrir a deudas costosas en momentos difíciles.

Reducir las Deudas: La gestión de deudas es una parte importante de la planificación financiera. La familia debe trabajar para reducir las deudas de tarjetas de crédito y préstamos con altas tasas de interés, lo que liberará recursos para otros objetivos financieros.

Ahorrar e Invertir de Manera Inteligente: Fomenta el ahorro regular y la inversión sabia. Explora opciones de inversión que se alineen con los objetivos financieros de la familia y brinden oportunidades de crecimiento a largo plazo.

Seguros y Planificación Patrimonial: Asegurarse de que la familia tenga un seguro adecuado para proteger contra eventos imprevistos es esencial. Además, la planificación patrimonial puede garantizar que los activos y la herencia se distribuyan de acuerdo con los deseos de la familia en el futuro.

Revisar y Ajustar Regularmente: La situación financiera de una familia puede cambiar con el tiempo. Por lo tanto, es fundamental revisar y ajustar el plan financiero periódicamente para adaptarse a las nuevas circunstancias y metas cambiantes.

Involucrar a los Niños: Involucrar a los niños en la gestión financiera familiar desde una edad temprana puede ser una experiencia educativa valiosa. Enseñarles a ahorrar, presupuestar y entender el valor del dinero les proporcionará habilidades financieras para toda la vida.

Comunicación Abierta sobre Dinero: La comunicación sobre asuntos financieros en la familia debe ser abierta y transparente. Todos los miembros deben sentirse cómodos discutiendo el dinero y contribuyendo con ideas y soluciones.

Inversión y Ahorro: Hábitos para construir riqueza y seguridad financiera.

La inversión y el ahorro son dos pilares fundamentales para la construcción de riqueza y la seguridad financiera a largo plazo. En "El Camino hacia la Prosperidad," exploraremos cómo desarrollar hábitos sólidos en estas áreas puede marcar una gran diferencia en la capacidad de una familia para alcanzar sus metas financieras y garantizar un futuro sólido y próspero.

Aquí te presentamos algunas estrategias clave para construir riqueza y seguridad financiera a través del ahorro y la inversión:

Establece Objetivos Claros: Antes de comenzar a ahorrar e invertir, es esencial tener metas financieras claras. ¿Estás ahorrando para la educación universitaria de tus hijos, para la jubilación o para comprar una vivienda? Establecer objetivos específicos te dará dirección y motivación.

Crea un Plan de Ahorro: Desarrolla un plan de ahorro que incluya un presupuesto que refleje tus objetivos financieros. Identifica áreas en las que puedas reducir gastos y asignar esos fondos al ahorro e inversión.

Diversificación de Inversiones: La diversificación es clave para minimizar el riesgo en las inversiones. No coloques todos tus activos en una sola inversión. En lugar de eso, considera una cartera diversificada que abarque acciones, bonos, bienes raíces y otros vehículos de inversión.

Ahorro Automático: Configura transferencias automáticas desde tu cuenta corriente a una cuenta de ahorros o inversión. Esto te ayudará a mantener la disciplina del ahorro y garantizará que se destinen fondos regularmente a tus metas financieras.

Controla los Gastos Innecesarios: Revisa tus gastos y busca áreas donde puedas recortar sin sacrificar tu calidad de vida. Los pequeños recortes en gastos cotidianos pueden sumar grandes ahorros a lo largo del tiempo.

Educación Financiera Continua: Mantente informado sobre las opciones de inversión y las estrategias financieras. La educación financiera es una inversión en sí misma y te ayudará a tomar decisiones más informadas.

Inversiones a Largo Plazo: Invierte con un horizonte a largo plazo en mente. Los mercados pueden ser volátiles a corto plazo, pero a lo largo del tiempo, las inversiones tienden a crecer y proporcionar rendimientos más sólidos.

Ahorra para la Jubilación: Contribuir regularmente a cuentas de jubilación como un plan 401(k) o un IRA es esencial para garantizar la seguridad financiera en la jubilación. Aprovecha las contribuciones del empleador si es posible.

Fondo de Emergencia: Mantén un fondo de emergencia bien financiado en una cuenta líquida para hacer frente a gastos inesperados sin tener que recurrir a deudas.

Reevaluación Periódica: Revisa regularmente tus inversiones y objetivos financieros. A medida que cambien tus circunstancias personales y económicas, ajusta tu plan financiero en consecuencia.

Presupuesto Familiar: Cómo establecer y mantener un presupuesto familiar efectivo.

El presupuesto familiar es una herramienta vital en la gestión financiera de una familia. Es como un mapa que guía el uso de los ingresos, asegurando que se destinen recursos de manera inteligente para satisfacer las necesidades, lograr objetivos financieros y mantener la estabilidad económica. En "El Camino hacia la Prosperidad," exploraremos la importancia de establecer y mantener un presupuesto familiar efectivo, así como estrategias prácticas para lograrlo.

Reúne Información Financiera: Comienza por recopilar toda la información financiera relevante. Esto incluye tus ingresos, gastos regulares (como hipoteca o alquiler, servicios públicos, alimentos y seguros), deudas y cualquier otra obligación financiera.

Establece Metas Financieras: Antes de crear un presupuesto, define tus objetivos financieros a corto y largo plazo. Estos pueden incluir ahorrar para una vacación familiar, pagar deudas, crear un fondo de emergencia o jubilarse cómodamente.

Registra los Ingresos: Anota todos los ingresos regulares que tu familia recibe, como salarios, bonificaciones, ingresos de alquileres u otras fuentes.

Listado de Gastos: Enumera todos los gastos mensuales, como vivienda, servicios, alimentos, transporte, seguros, entretenimiento y otros gastos recurrentes. Divide los gastos en categorías para facilitar la organización.

Identifica Gastos Variables: Además de los gastos regulares, hay gastos variables, como entretenimiento, comidas fuera de casa y compras discretas. Registra estos gastos también, ya que a menudo son una fuente de gastos innecesarios.

Calcula el Total de Ingresos y Gastos: Suma todos los ingresos y gastos para obtener un panorama completo de tu situación financiera actual.

Ajusta y Prioriza: Si tus gastos superan tus ingresos, es hora de hacer ajustes. Prioriza tus necesidades esenciales y objetivos financieros antes que los gastos no esenciales.

Crea un Presupuesto Mensual: Utiliza una hoja de cálculo o una aplicación de presupuesto para crear un presupuesto mensual detallado. Asegúrate de asignar fondos para cada categoría de gasto y para tus objetivos financieros.

Revisa y Actualiza: El presupuesto no es estático; debe revisarse y actualizarse regularmente. Esto te permitirá adaptarte a cambios en los ingresos, gastos inesperados o nuevos objetivos financieros.

Sigue el Presupuesto: Una vez que hayas establecido un presupuesto, adhiérete a él. Esto requerirá disciplina y control de los gastos, pero te ayudará a mantener tus finanzas en orden.

Ahorrar y Pagar Deudas: Destina parte de tus ingresos para el ahorro y la reducción de deudas. Esto te ayudará a construir riqueza y a evitar la acumulación de deudas costosas.

Cultiva una Comunicación Abierta: La transparencia y la comunicación abierta con los demás miembros de la familia son fundamentales para el éxito del presupuesto. Todos deben estar al tanto de las metas financieras y comprometerse a seguirlas.

La Psicología del Dinero: Exploración de las actitudes y creencias que rodean el dinero.

El dinero es una fuerza poderosa en nuestras vidas, no solo por su capacidad para comprar bienes y servicios, sino también por la influencia que ejerce en nuestras emociones, relaciones y sentido de seguridad. Nuestras actitudes y creencias acerca del dinero, a menudo arraigadas en experiencias personales y culturales, pueden impactar profundamente nuestra capacidad para administrarlo de manera efectiva y alcanzar la prosperidad financiera.

En "El Camino hacia la Prosperidad," vamos más allá de los números y exploramos la psicología del dinero. Aquí, examinamos algunas de las actitudes y creencias comunes que rodean el dinero y cómo pueden afectar nuestras vidas:

Creencias sobre el Valor Personal: Muchas personas asocian su valía con la cantidad de dinero que tienen. Si crees que eres valioso solo cuando tienes una gran cantidad de dinero, puedes experimentar estrés y autoestima baja cuando te enfrentas a dificultades financieras.

Miedo a la Escasez: El temor a no tener suficiente dinero para cubrir las necesidades básicas o enfrentar emergencias puede generar ansiedad constante. Este miedo a la escasez a menudo lleva a la sobre preocupación por las finanzas y la incapacidad para disfrutar del presente.

Culpa y Vergüenza: Las personas a menudo se sienten culpables o avergonzadas por sus decisiones financieras pasadas, especialmente si han acumulado deudas o han tenido dificultades económicas. Estos sentimientos pueden interferir en la capacidad de tomar decisiones financieras saludables.

Comparación con los Demás: La tendencia a compararse con otros en términos de riqueza material puede llevar a la envidia, el resentimiento y la insatisfacción. Es importante recordar que las situaciones financieras varían ampliamente y no todos tienen las mismas oportunidades o desafíos.

Evitación de Conversaciones Financieras: Muchas personas evitan hablar sobre dinero, ya sea por vergüenza, temor al conflicto o falta de conocimiento. La falta de comunicación puede llevar a malentendidos financieros y problemas en las relaciones.

Perspectiva a Corto Plazo: Centrarse en la gratificación instantánea en lugar de en la planificación a largo plazo puede llevar a decisiones financieras impulsivas y falta de preparación para el futuro.

Miedo al Fracaso Financiero: El temor al fracaso financiero puede llevar a la aversión al riesgo y a la falta de iniciativa para buscar oportunidades de inversión o emprendimiento.

Creencias Limitantes: Creer que no se puede cambiar la situación financiera o que uno no merece la prosperidad puede ser un obstáculo importante para mejorar la gestión financiera.

El Dinero como Fuente de Felicidad: La creencia de que más dinero automáticamente conduce a una mayor felicidad puede ser engañosa. Siempre se busca más, y la felicidad nunca parece duradera.

Expectativas de Gasto: Establecer expectativas poco realistas de gasto, como mantener un nivel de vida extremadamente alto, puede llevar a la acumulación de deudas y la falta de ahorro.

Educación Financiera para Niños: Enseñar a los niños sobre el dinero y la responsabilidad financiera.

La educación financiera es una habilidad crucial para la vida que puede marcar una diferencia significativa en el futuro financiero de los niños. En "El Camino hacia la Prosperidad," reconocemos la importancia de enseñar a los niños sobre el dinero y la responsabilidad financiera desde una edad temprana. Aquí, exploraremos cómo podemos preparar a la próxima generación con las habilidades y conocimientos necesarios para tomar decisiones financieras inteligentes y responsables.

La Importancia de la Educación Financiera para Niños:

Sentar las Bases: La educación financiera temprana sienta las bases para una relación saludable con el dinero en la vida adulta. Los niños que comprenden los conceptos financieros básicos tienen más probabilidades de tomar decisiones financieras informadas y evitar problemas de deuda en el futuro.

Habilidades de Toma de Decisiones: Enseñar a los niños a tomar decisiones financieras, como el ahorro, la inversión y el gasto responsable, fomenta habilidades de toma de decisiones críticas que son aplicables en todas las áreas de la vida.

Evitar Problemas Financieros: La educación financiera ayuda a los niños a comprender los riesgos financieros y cómo evitar problemas como el endeudamiento excesivo o las estafas.

Fomentar la Independencia: A medida que los niños adquieren conocimientos financieros, se vuelven más independientes en la gestión de su dinero, lo que les brinda una sensación de control y responsabilidad.

Preparación para el Futuro: Los conceptos financieros, como el ahorro para la educación superior y la jubilación, deben introducirse desde una edad temprana para que los niños comprendan la importancia de planificar su futuro financiero.

Estrategias para Enseñar Educación Financiera a los Niños:

Comunicación Abierta: Habla con tus hijos sobre el dinero de manera abierta y honesta. Responde sus preguntas y fomenta un ambiente donde puedan hablar sobre temas financieros sin temor al juicio.

Asignación de Tareas: Asigna a tus hijos tareas domésticas o responsabilidades adicionales a cambio de una asignación o recompensa. Esto les enseñará sobre el valor del trabajo y la recompensa financiera.

Presupuesto Familiar: Incluye a los niños en la creación y revisión del presupuesto familiar. Esto les ayudará a comprender cómo se gestionan los ingresos y los gastos en el hogar.

Ahorro y Gasto Responsable: Enséñales a ahorrar parte de su asignación o dinero regalado y cómo establecer metas de ahorro. También explícales la importancia del gasto responsable y cómo evitar el gasto impulsivo.

Comparación de Precios: Enseña a los niños a comparar precios y buscar ofertas cuando compren. Esto les ayudará a desarrollar habilidades para tomar decisiones informadas al comprar.

Conceptos Básicos de Inversión: A medida que los niños crezcan, introdúceles a conceptos básicos de inversión. Pueden comenzar con cuentas de ahorro y avanzar hacia inversiones a largo plazo a medida que adquieran experiencia.

Caridad y Donaciones: Fomenta la caridad y la donación enseñándoles a tus hijos sobre la importancia de ayudar a los demás y hacer contribuciones benéficas.

Ejemplo Personal: Sé un modelo a seguir financiero para tus hijos. Tus acciones y actitudes hacia el dinero tienen un impacto significativo en su desarrollo financiero.

Educación Continua: A medida que los niños crezcan, proporciona información más avanzada sobre temas financieros, como la gestión de deudas, la planificación de la jubilación y la inversión en el mercado de valores.

Aprendizaje Práctico: Aprovecha las oportunidades prácticas de enseñanza financiera, como llevar a los niños de compras y comparar precios, ayudarles a abrir una cuenta de ahorro o inversión, o involucrarlos en proyectos financieros familiares.

Hábitos para una Vida Amorosa Saludable: Cómo mantener relaciones amorosas sólidas.

Una relación amorosa sólida y saludable es un pilar fundamental en la búsqueda de la prosperidad en la vida familiar. En "El Camino hacia la Prosperidad," exploramos la importancia de cultivar hábitos que fortalezcan y enriquezcan las relaciones amorosas. Estos hábitos no solo mejoran la calidad de vida de la pareja, sino que también tienen un impacto positivo en todos los aspectos de la vida familiar.

La Importancia de una Relación Amorosa Saludable:

Bienestar Emocional: Una relación amorosa sólida contribuye significativamente al bienestar emocional de los miembros de la familia. Proporciona apoyo emocional, seguridad y un sentido de pertenencia.

Comunicación Efectiva: Las relaciones saludables se basan en una comunicación abierta y efectiva. La capacidad de expresar pensamientos y sentimientos de manera honesta y respetuosa es fundamental.

Resolución de Conflictos: Las parejas saludables saben cómo abordar y resolver los desacuerdos de manera constructiva. Esto evita que los conflictos se acumulen y se conviertan en fuentes de estrés.

Crecimiento Personal: Las relaciones amorosas sólidas fomentan el crecimiento personal. Cada miembro de la pareja tiene la oportunidad de aprender, evolucionar y apoyar los objetivos individuales y compartidos.

Hábitos para Mantener una Relación Amorosa Sólida:

Comunicación Abierta: Establecer una comunicación abierta y honesta es esencial. Asegúrate de que ambos se sientan escuchados y comprendidos. Fomenta un ambiente donde se puedan discutir temas difíciles sin temor al juicio.

Empatía: Practica la empatía, es decir, la capacidad de comprender y compartir los sentimientos del otro. Ponerte en el lugar de tu pareja fortalecerá la conexión emocional.

Tiempo de Calidad: Dedica tiempo de calidad juntos. Esto no solo incluye citas románticas, sino también momentos cotidianos de conexión y aprecio.

Apoyo Mutuo: Apoya las metas y sueños de tu pareja. Cuando ambos se apoyan mutuamente, se crea un sentido de colaboración y crecimiento conjunto.

Gestión del Estrés: Aprende a manejar el estrés de manera saludable. El estrés puede afectar negativamente la relación, por lo que es importante desarrollar estrategias para lidiar con él.

Independencia Saludable: Si bien es importante pasar tiempo juntos, también es fundamental mantener una independencia saludable. Cada miembro de la pareja debe tener tiempo para sus intereses individuales y amistades.

Afecto y Caricias: La intimidad física, como los abrazos y los besos, es crucial para mantener la conexión emocional y física en la relación.

Planificación de Futuro: Hablen sobre sus objetivos a largo plazo como pareja y planifiquen juntos. Esto les da una dirección compartida y un propósito común.

Aprendizaje Continuo: La relación evoluciona con el tiempo, así que sigue aprendiendo sobre ti mismo y tu pareja. La adaptación a las cambiantes necesidades y deseos es clave para mantener una relación sólida.

Respeto y Admiración: Respeta y admira a tu pareja. Reconoce y valora sus cualidades y logros. El respeto mutuo es un pilar de las relaciones saludables.

Resolución de Conflictos en el Amor: Estrategias para abordar y resolver los desacuerdos en la pareja.

En todas las relaciones amorosas, los desacuerdos y conflictos son inevitables. Sin embargo, lo que distingue a las parejas sólidas y saludables es su capacidad para abordar y resolver estos desafíos de manera constructiva. En "El Camino hacia la Prosperidad," examinamos la importancia de desarrollar habilidades efectivas de resolución de conflictos en la pareja, así como estrategias prácticas para mantener la armonía y el entendimiento en la relación.

La Importancia de la Resolución de Conflictos en el Amor:

Fortalecimiento de la Comunicación: Los conflictos ofrecen oportunidades para mejorar la comunicación en la pareja. Aprendemos a expresar nuestros pensamientos y sentimientos de manera más efectiva.

Fortalecimiento de la Relación: Resolver conflictos de manera constructiva puede fortalecer la relación, ya que muestra el compromiso de ambas partes de trabajar juntas para superar obstáculos.

Prevención de Acumulación de Resentimiento: La resolución de conflictos evita que los problemas no resueltos se acumulen y se conviertan en fuentes de resentimiento y tensión a largo plazo.

Crecimiento Personal y de la Relación: Superar desacuerdos puede conducir al crecimiento personal y a una relación más sólida, ya que ambas partes aprenden a comprenderse mejor y a comprometerse.

Estrategias para la Resolución de Conflictos en la Pareja:

Comunicación Abierta: La comunicación abierta y honesta es clave. Ambos deben sentirse cómodos expresando sus pensamientos y emociones sin temor al juicio.

Escucha Activa: Escuchar activamente a tu pareja es esencial. Presta atención a lo que dicen, muestra interés genuino y valida sus sentimientos.

Evita la Culpa y la Crítica: Evita culpar o criticar a tu pareja durante una discusión. En su lugar, utiliza declaraciones "yo" para expresar cómo te sientes y cómo te afecta la situación.

Busca Soluciones, no Culpa: En lugar de centrarse en quién tiene la culpa, enfóquense juntos en encontrar soluciones. Trabaja como equipo para abordar el problema.

Toma un Respiro: Si la discusión se torna intensa, está bien tomar un respiro. A veces, un breve descanso puede ayudar a enfriar los ánimos y volver a la conversación con una mente más tranquila.

Compromiso: Ambas partes deben estar dispuestas a comprometerse y encontrar soluciones que satisfagan a ambas. El objetivo es el bienestar de la relación en su conjunto.

Aprende de los Conflictos: Cada conflicto puede ser una oportunidad de aprendizaje. Reflexiona sobre lo que desencadenó el conflicto y cómo pueden evitar problemas similares en el futuro.

Mantén el Respeto: Incluso en medio de una discusión, mantén el respeto por tu pareja. Los ataques personales y el desprecio deben evitarse a toda costa.

Busca Ayuda Profesional: Si los conflictos persisten o se vuelven abrumadores, considera buscar la ayuda de un terapeuta o consejero de parejas. A veces, un tercero imparcial puede proporcionar perspectivas valiosas.

Celebra la Resolución: Una vez que hayan llegado a una solución, celebren juntos. Reconozcan el esfuerzo que pusieron en resolver el conflicto y refuérzalo con afecto y aprecio.

Meditación y Mindfulness en la Vida Familiar: Cómo la atención plena puede mejorar las relaciones.

En la agitada vida moderna, las familias a menudo se encuentran atrapadas en un ritmo frenético, lo que puede generar estrés y tensión en las relaciones. La meditación y el mindfulness (atención plena) ofrecen un respiro en este ajetreo y pueden ser herramientas poderosas para mejorar la calidad de vida familiar. En "El Camino hacia la Prosperidad," exploramos cómo la práctica de la atención plena puede fortalecer los lazos familiares, fomentar la empatía y la comunicación efectiva, y promover la armonía en el hogar.

La Importancia de la Atención Plena en la Vida Familiar:

Reducción del Estrés: La meditación y el mindfulness son eficaces para reducir el estrés tanto en adultos como en niños. Un entorno menos estresante en el hogar promueve relaciones más saludables.

Conexión Emocional: La atención plena fomenta una mayor conexión emocional entre los miembros de la familia. Al estar presentes y conscientes el uno del otro, se fortalece la relación.

Mejora la Comunicación: La atención plena enseña a escuchar de manera más atenta y comprensiva. Esto mejora la comunicación en la familia, ya que cada miembro se siente valorado y escuchado.

Fomento de la Empatía: Practicar la empatía es esencial para las relaciones saludables. La atención plena promueve la empatía al alentar la comprensión de las perspectivas y sentimientos de los demás.

Estrategias para Introducir la Atención Plena en la Vida Familiar:

Sesiones de Meditación en Familia: Dedica tiempo regularmente a sesiones de meditación en familia. Esto puede ser tan simple como sentarse juntos en silencio durante unos minutos y centrarse en la respiración.

Prácticas de Gratitud: Fomenta la gratitud en la vida diaria. Anima a los miembros de la familia a expresar lo que están agradecidos cada día.

Paseos Mindfulness: Realiza paseos en familia enfocados en la atención plena. Observen la naturaleza, los sonidos y las sensaciones a su alrededor sin distracciones.

Desconexión Digital: Establece momentos libres de dispositivos electrónicos en la familia, donde todos se desconecten y pasen tiempo de calidad juntos.

Respiración Consciente: Enseña técnicas de respiración consciente que pueden usarse para calmarse en momentos de tensión.

Juegos de Atención Plena: Incorpora juegos que promuevan la atención plena, como juegos de mesa que requieran concentración o ejercicios de yoga en familia.

Diálogo Abierto: Fomenta conversaciones abiertas sobre los beneficios de la atención plena en la familia. Anime a todos a compartir sus experiencias y descubrimientos.

Modelo a Seguir: Sé un modelo a seguir en la práctica de la atención plena. Los niños a menudo aprenden mejor observando el comportamiento de los adultos.

Practicar la Paciencia: La atención plena enseña la paciencia. Anima a los miembros de la familia a ser más tolerantes y pacientes entre ellos.

Celebrar el Progreso: Celebra los logros en la práctica de la atención plena en la familia. Reconoce y recompensa el esfuerzo y los cambios positivos en las relaciones familiares.

Hábitos de Gratitud y Aprecio: Fomentar la gratitud en la vida diaria.

La gratitud es una poderosa fuerza que puede transformar la forma en que experimentamos la vida. En "El Camino hacia la Prosperidad," reconocemos la importancia de cultivar hábitos de gratitud y aprecio en la vida diaria. Estos hábitos no solo nos hacen sentir mejor, sino que también tienen un impacto positivo en nuestras relaciones, nuestra salud mental y nuestra percepción de la vida en general.

La Importancia de la Gratitud en la Vida Diaria:

Mejora el Bienestar Emocional: La gratitud está vinculada a una mayor satisfacción con la vida y a una disminución de los sentimientos de depresión y ansiedad. Al enfocarse en lo que se tiene en lugar de lo que falta, se experimenta un mayor bienestar emocional.

Fortalece las Relaciones: Expresar gratitud hacia los demás fortalece las relaciones interpersonales. Cuando apreciamos y reconocemos a las personas que nos rodean, fomentamos conexiones más profundas y significativas.

Cambia la Perspectiva: La gratitud cambia la forma en que vemos el mundo. En lugar de dar por sentado lo que tenemos, comenzamos a ver la belleza en las pequeñas cosas y a encontrar alegría en lo cotidiano.

Reduce el Estrés: La práctica regular de la gratitud está asociada con una reducción del estrés y una mayor capacidad para lidiar con situaciones difíciles.

Hábitos para Fomentar la Gratitud en la Vida Diaria:

Diario de Gratitud: Llevar un diario de gratitud es una práctica efectiva. Cada día, anota tres cosas por las que estás agradecido. Pueden ser cosas simples como una taza de café caliente o momentos más significativos como el apoyo de un ser querido.

Expresiones de Agradecimiento: Expresa tu gratitud verbalmente o por escrito hacia las personas que te rodean. No subestimes el poder de un simple "gracias" o una nota de agradecimiento.

Meditación de Gratitud: Dedica tiempo en tu rutina de meditación para enfocarte en la gratitud. Visualiza las cosas por las que estás agradecido y siente esa gratitud en tu corazón.

Enfoque en lo Positivo: Practica cambiar tu enfoque hacia lo positivo en situaciones difíciles. En lugar de lamentarte por lo que salió mal, busca lecciones o aspectos positivos.

Actos de Bondad: Realiza actos de bondad hacia los demás de manera regular. Ayudar a los demás y hacer el bien puede generar sentimientos de gratitud y aprecio.

Reflexión Nocturna: Antes de acostarte, reflexiona sobre las cosas por las que estás agradecido en el día. Esto puede ayudarte a cerrar el día con pensamientos positivos.

Enseña a los Niños: Fomenta la gratitud en tus hijos. Enséñales a apreciar lo que tienen y a expresar gratitud hacia los demás.

Apreciación de la Naturaleza: Pasa tiempo al aire libre y aprecia la belleza de la naturaleza. Conectar con la naturaleza puede inspirar sentimientos de gratitud.

Voluntariado: Participa en actividades de voluntariado. Ayudar a quienes lo necesitan puede aumentar tu aprecio por lo que tienes en tu propia vida.

Comparte Historias de Gratitud: Comparte historias de gratitud en la familia. Anima a los miembros de la familia a contar sus propias experiencias de agradecimiento.

Manejo del Estrés en la Familia: Técnicas para reducir el estrés familiar.

La vida familiar puede ser gratificante y llena de amor, pero también puede ser estresante en muchas ocasiones debido a las demandas y responsabilidades diarias. En "El Camino hacia la Prosperidad," reconocemos la importancia de abordar y gestionar el estrés familiar de manera efectiva. Al adoptar técnicas y estrategias para reducir el estrés, no solo mejoramos la calidad de vida de cada miembro de la familia, sino que también fortalecemos los lazos familiares y promovemos un ambiente hogareño más saludable.

La Importancia de Reducir el Estrés en la Familia:

Bienestar Familiar: Un ambiente familiar menos estresante contribuye al bienestar general de todos los miembros de la familia. Cuando se reduce el estrés, se fomenta un hogar más feliz y saludable.

Mejora de la Comunicación: El estrés puede afectar negativamente la comunicación en la familia. Al reducir el estrés, se facilita una comunicación más efectiva y una comprensión mutua.

Mayor Resiliencia: Cuando la familia aprende a manejar el estrés de manera efectiva, se vuelve más resistente a los desafíos y cambios en la vida.

Fortalecimiento de Relaciones: Al abordar el estrés de manera colaborativa, se fortalecen los lazos familiares. La familia se convierte en un sistema de apoyo en lugar de una fuente adicional de estrés.

Técnicas para Reducir el Estrés Familiar:

Comunicación Abierta: Fomenta un ambiente donde todos los miembros de la familia se sientan cómodos compartiendo sus preocupaciones y emociones. La comunicación abierta puede ayudar a prevenir conflictos innecesarios.

Asignación de Tareas y Responsabilidades: Distribuye las tareas y responsabilidades de manera equitativa en la familia. Esto evita que una persona asuma una carga excesiva de trabajo y estrés.

Establecimiento de Rutinas: Las rutinas predecibles proporcionan estructura y reducen el estrés. Establece horarios para las comidas, el trabajo escolar y el tiempo en familia.

Tiempo de Calidad: Dedica tiempo de calidad en familia. Establece momentos regulares para actividades divertidas y relajantes juntos.

Prácticas de Relajación: Introduce técnicas de relajación, como la meditación, la respiración profunda o el yoga, en la rutina familiar. Estas prácticas pueden ayudar a calmar el estrés.

Ejercicio en Familia: El ejercicio físico es una excelente manera de reducir el estrés. Hagan actividades deportivas o paseos juntos como familia.

Límites Digitales: Establece límites para el uso de dispositivos electrónicos. El exceso de tiempo en pantallas puede contribuir al estrés y la desconexión familiar.

Fomento de la Resiliencia: Ayuda a los miembros de la familia a desarrollar habilidades de afrontamiento y resiliencia. Enséñales a manejar el estrés de manera efectiva.

Apoyo Mutuo: Fomenta un ambiente de apoyo mutuo en la familia. Cada miembro debe sentir que puede recurrir a los demás en momentos de necesidad.

Planificación del Tiempo Libre: Programa tiempo libre en la agenda familiar. Establecer momentos para descansar y disfrutar juntos es esencial para reducir el estrés.

Solicitar Ayuda Profesional: Si el estrés familiar se vuelve abrumador o persistente, considera buscar la ayuda de un terapeuta familiar o consejero. Puede proporcionar orientación y estrategias adicionales.

Planificación del Tiempo en Familia: Cómo aprovechar al máximo el tiempo juntos.

En la vida moderna, donde las agendas están llenas de compromisos y actividades, puede ser un desafío encontrar tiempo de calidad para pasar con la familia. Sin embargo, la planificación del tiempo en familia es esencial para fortalecer los lazos, crear recuerdos significativos y promover una sensación de unidad. En "El Camino hacia la Prosperidad," exploramos cómo aprovechar al máximo el tiempo juntos puede mejorar la vida familiar en todas sus dimensiones.

La Importancia de la Planificación del Tiempo en Familia:

Conexión Emocional: Pasar tiempo de calidad juntos fortalece la conexión emocional entre los miembros de la familia. La interacción cara a cara promueve la comprensión y el afecto mutuo.

Recuerdos Duraderos: Las experiencias compartidas crean recuerdos duraderos que enriquecen la vida familiar. Los niños en particular valoran estas experiencias y las llevan consigo a medida que crecen.

Comunicación Mejorada: El tiempo en familia ofrece oportunidades para una comunicación mejorada. Los momentos de relajación y diversión son ideales para hablar sobre los desafíos y éxitos de la vida.

Fortalecimiento de Tradiciones: La planificación del tiempo en familia permite establecer y mantener tradiciones familiares. Estas tradiciones crean un sentido de pertenencia y continuidad a lo largo de las generaciones.

Estrategias para Aprovechar al Máximo el Tiempo en Familia:

Agenda Familiar: Establece una agenda familiar para coordinar las actividades y asegurarte de que haya tiempo para la familia en medio de las ocupaciones diarias.

Noches Temáticas: Programa noches temáticas en casa, como noches de cine, noches de juegos de mesa o noches de cocina en familia.

Salidas al Aire Libre: Organiza excursiones al aire libre, como caminatas, paseos en bicicleta o visitas a parques locales. La naturaleza ofrece un escenario ideal para la relajación y el juego en familia.

Lecciones en Familia: Aprende algo nuevo juntos como familia, ya sea aprender a cocinar una nueva receta, tomar clases de arte o aprender a tocar un instrumento musical.

Vacaciones Familiares: Planifica vacaciones familiares para crear recuerdos especiales. Incluso viajes cortos pueden ser emocionantes y enriquecedores.

Tiempo de Calidad: Cuando estés con la familia, enfócate en estar presente y participar plenamente en las actividades. Deja de lado las distracciones digitales y disfruta el momento.

Celebraciones Especiales: Celebra los hitos y eventos importantes en familia, como cumpleaños, aniversarios y logros académicos o profesionales.

Voluntariado Juntos: Participa en actividades de voluntariado como familia. Ayudar a los demás puede ser una experiencia gratificante para todos.

Apoyo Mutuo: Fomenta un ambiente de apoyo mutuo en la familia. Anima a todos a compartir sus intereses y deseos para que la planificación del tiempo en familia sea inclusiva.

Flexibilidad: Si bien es importante tener planes, también es crucial ser flexible. A veces, los momentos más significativos ocurren de manera espontánea.

Reuniones Familiares Regulares: Establece reuniones familiares regulares donde todos pueden expresar sus pensamientos, deseos y preocupaciones sobre el tiempo en familia.

Salud Física y Bienestar Familiar: Hábitos para una vida saludable en familia.

La salud física y el bienestar son fundamentales para el bienestar general de la familia. Mantener hábitos saludables juntos no solo mejora la calidad de vida, sino que también promueve la unidad familiar y establece un ejemplo valioso para los niños. En "El Camino hacia la Prosperidad," exploramos cómo fomentar hábitos de salud física y bienestar en la vida familiar puede tener un impacto positivo en todas las áreas clave de la prosperidad.

La Importancia de la Salud Física y el Bienestar Familiar:

Mayor Energía y Vitalidad: Adoptar hábitos saludables promueve una mayor energía y vitalidad en toda la familia. Esto permite a los miembros de la familia sentirse mejor física y emocionalmente.

Reducción del Estrés: El ejercicio regular y una alimentación saludable son eficaces para reducir el estrés en la familia. Un hogar menos estresante contribuye al bienestar de todos.

Fortalecimiento de la Unión Familiar: Participar en actividades físicas y de bienestar juntos fortalece los lazos familiares. La cooperación y el apoyo mutuo se fomentan al trabajar hacia objetivos de salud comunes.

Modelo a Seguir: Los padres que establecen un ejemplo de vida saludable tienen un impacto duradero en los hábitos de sus hijos. Los niños aprenden de los adultos que los rodean, por lo que es esencial ser un modelo a seguir.

Hábitos para Fomentar la Salud Física y el Bienestar en la Familia:

Ejercicio en Familia: Planifica actividades físicas que la familia pueda disfrutar junta, como caminatas, paseos en bicicleta, natación o jugar a juegos al aire libre.

Alimentación Saludable: Fomenta una alimentación equilibrada en la familia. Cocina comidas nutritivas en casa y enseña a los niños sobre opciones alimenticias saludables.

Límites de Pantalla: Establece límites en el tiempo de pantalla para fomentar la actividad física en lugar de tiempo frente a dispositivos electrónicos.

Tiempo al Aire Libre: Dedica tiempo regular para estar al aire libre. Ya sea en el jardín, en un parque o en la naturaleza, el aire libre ofrece oportunidades para el ejercicio y la relajación.

Horario de Sueño Consistente: Establece horarios de sueño regulares para todos los miembros de la familia. El sueño adecuado es esencial para la salud física y mental.

Actividades Recreativas: Promueve actividades recreativas como deportes en equipo, baile o yoga. Estas actividades pueden ser divertidas y saludables para todos.

Control del Estrés: Enseña a los miembros de la familia técnicas de control del estrés, como la meditación y la respiración profunda, para ayudarlos a lidiar con las tensiones diarias.

Exámenes Médicos Regulares: Programa exámenes médicos regulares para todos los miembros de la familia. La detección temprana de problemas de salud es clave para el bienestar a largo plazo.

Descanso Activo: En lugar de ver la televisión o jugar videojuegos, promueve el descanso activo, como dar un paseo después de la cena en lugar de sentarse frente a la televisión.

Aprendizaje Continuo: Educa a la familia sobre los beneficios de un estilo de vida saludable. Anima a todos a aprender sobre nutrición, ejercicios y bienestar juntos.

Celebración de Logros: Celebra los logros de salud en familia. Reconoce los esfuerzos y logros de cada miembro de la familia en la búsqueda de un estilo de vida saludable.

Desarrollo Personal: Fomentar el crecimiento personal en todos los miembros de la familia.

El desarrollo personal es un viaje continuo de autodescubrimiento y crecimiento que puede enriquecer enormemente la vida de cada miembro de la familia. En "El Camino hacia la Prosperidad," reconocemos la importancia de fomentar el desarrollo personal en la familia como un componente esencial para alcanzar la prosperidad en todas las áreas clave de la vida.

La Importancia del Desarrollo Personal en la Familia:

Crecimiento Individual: Fomentar el desarrollo personal en cada miembro de la familia promueve el crecimiento individual. Cada persona tiene la oportunidad de descubrir sus talentos, pasiones y potencial.

Autoconciencia: El desarrollo personal implica una mayor autoconciencia. Los miembros de la familia pueden aprender más sobre sí mismos, sus valores y metas personales.

Mejora de las Relaciones: Cuando las personas trabajan en su desarrollo personal, a menudo se vuelven más empáticas, comprensivas y capaces de establecer relaciones más saludables.

Resiliencia: El desarrollo personal enseña habilidades de resiliencia que son valiosas en tiempos de desafío. Los miembros de la familia pueden enfrentar situaciones difíciles cuando han cultivado su crecimiento personal.

Estrategias para Fomentar el Desarrollo Personal en la Familia:

Comunicación Abierta: Fomenta la comunicación abierta en la familia. Anima a todos a compartir sus metas, logros y desafíos personales.

Apoyo Mutuo: Ofrece apoyo mutuo en los esfuerzos de desarrollo personal. Celebra los logros de cada miembro de la familia y brinda aliento en momentos de desafío.

Establecimiento de Metas Personales: Anima a cada miembro de la familia a establecer metas personales. Esto puede incluir metas académicas, profesionales, deportivas o creativas.

Educación Continua: Promueve la educación continua en la familia. Incentiva la lectura, la exploración de nuevos temas y la búsqueda de oportunidades de aprendizaje.

Desarrollo de Habilidades: Ofrece oportunidades para el desarrollo de habilidades. Esto podría incluir la inscripción en clases, talleres o actividades extracurriculares.

Mentoría Familiar: Establece un sistema de mentoría en la familia. Los miembros más jóvenes pueden aprender de las experiencias y conocimientos de los adultos.

Tiempo para la Reflexión: Fomenta el tiempo para la reflexión personal. Esto puede incluir la meditación, el diario de gratitud o la práctica de la atención plena.

Exploración de Pasiones: Anima a cada miembro de la familia a explorar sus pasiones e intereses. Esto puede llevar a descubrimientos emocionantes y al crecimiento personal.

Modelo a Seguir: Los padres y adultos en la familia pueden servir como modelos a seguir al comprometerse con su propio desarrollo personal. Los niños tienden a imitar lo que ven en los adultos.

Evaluación de Objetivos: Periódicamente, revisa los objetivos personales en familia. Esto permite ajustar y adaptar las metas según las necesidades y deseos cambiantes.

Celebración de Éxitos Personales: Celebra los éxitos y logros personales de cada miembro de la familia. Reconoce y valora el esfuerzo y el progreso hacia el crecimiento personal.

Hábitos de Lectura y Aprendizaje en Familia: Cómo fomentar la educación continua.

El aprendizaje es un viaje que nunca termina, y cuando se fomenta en familia, puede enriquecer las vidas de todos sus miembros. En "El Camino hacia la Prosperidad," reconocemos la importancia de cultivar hábitos de lectura y aprendizaje en la familia como un medio para promover el crecimiento intelectual, la comprensión mutua y la prosperidad en todas las áreas clave de la vida.

La Importancia de los Hábitos de Lectura y Aprendizaje en la Familia:

Desarrollo Cognitivo: La lectura y el aprendizaje continuo estimulan el desarrollo cognitivo de todos los miembros de la familia. La mente activa es una mente saludable.

Expansión de Horizontes: A través de la lectura y el aprendizaje, la familia puede explorar nuevos temas, culturas y perspectivas, lo que enriquece la comprensión del mundo.

Comunicación Mejorada: Compartir lecturas y discutir temas de aprendizaje puede mejorar la comunicación en la familia, promoviendo conversaciones significativas y comprensión mutua.

Empoderamiento: El conocimiento es poder. Fomentar la educación continua en la familia empodera a sus miembros para tomar decisiones informadas en todas las áreas de la vida.

Estrategias para Fomentar Hábitos de Lectura y Aprendizaje en la Familia:

Biblioteca Familiar: Crea una biblioteca familiar con una variedad de libros adecuados para todas las edades e intereses. Anima a todos a elegir libros y compartir sus descubrimientos.

Sesiones de Lectura: Dedica tiempo para sesiones de lectura en familia. Esto puede incluir leer cuentos a los niños o compartir libros y artículos de interés mutuo.

Clubes de Lectura Familiar: Organiza un club de lectura familiar. Escoge un libro para leer juntos y luego discútanlo como familia.

Visitas a Bibliotecas y Museos: Planifica visitas a bibliotecas, museos y otros lugares de aprendizaje en familia. Estas salidas pueden ser educativas y divertidas.

Aprendizaje en Línea: Utiliza recursos en línea para el aprendizaje. Hay muchas plataformas educativas que ofrecen cursos y contenido para todas las edades.

Apoyo al Estudio: Proporciona un espacio de estudio tranquilo y apoyo para los niños en sus tareas escolares. Anima a los adolescentes a asumir la responsabilidad de su propio aprendizaje.

Conversaciones Significativas: Fomenta conversaciones significativas sobre lo que se ha aprendido. Anima a todos a compartir sus ideas y conocimientos.

Establecimiento de Objetivos de Aprendizaje: Como familia, establezcan objetivos de aprendizaje para el año. Esto puede incluir aprender un nuevo idioma, estudiar una disciplina artística o explorar una época histórica.

Documentales y Películas Educativas: Disfruta de documentales y películas educativas en familia. Luego, discutan y reflexionen sobre lo que han aprendido.

Participación Activa: Fomenta la participación activa en la educación. Apoya las actividades extracurriculares y el aprendizaje autodirigido de los miembros de la familia.

Celebración del Aprendizaje: Celebra los logros y éxitos en el aprendizaje de cada miembro de la familia. Reconoce y valora el esfuerzo en el proceso de adquisición de conocimientos.

Liderazgo de los Adultos: Los adultos en la familia pueden servir como modelos a seguir al comprometerse con su propio aprendizaje continuo. Los niños a menudo imitan lo que ven en los adultos.

Emprender en Familia: Consideraciones para iniciar un negocio familiar exitoso.

Iniciar un negocio en familia puede ser una experiencia emocionante y desafiante al mismo tiempo. En "El Camino hacia la Prosperidad," reconocemos la importancia de explorar el emprendimiento en familia como una vía para alcanzar la prosperidad en todas las áreas clave de la vida. Aquí, examinaremos las consideraciones fundamentales para iniciar y mantener un negocio familiar exitoso.

La Importancia de Emprender en Familia:

Unión Familiar: Emprender en familia puede fortalecer los lazos familiares al crear un objetivo compartido y un sentido de pertenencia a un proyecto común.

Transmisión de Valores: Un negocio familiar proporciona una oportunidad única para transmitir valores, conocimientos y habilidades de generación en generación.

Independencia Financiera: Un negocio exitoso puede brindar independencia financiera a la familia, lo que contribuye a la prosperidad financiera en general.

Flexibilidad: El emprendimiento en familia a menudo permite una mayor flexibilidad en términos de horarios y estilo de vida, lo que puede mejorar la calidad de vida familiar.

Consideraciones para Emprender en Familia de Manera Exitosa:

Planificación y Estrategia: Antes de iniciar el negocio, desarrolla un plan de negocios completo que incluya objetivos, estrategias, estructura empresarial y proyecciones financieras realistas.

Roles Claros: Define roles y responsabilidades claros para cada miembro de la familia que participe en el negocio. Esto ayuda a evitar conflictos y garantiza una operación fluida.

Comunicación Abierta: Fomenta una comunicación abierta y honesta en la familia y en el negocio. La comunicación efectiva es clave para resolver problemas y tomar decisiones informadas.

Separación de lo Personal y lo Profesional: Establece límites claros entre lo personal y lo profesional. Evita que los conflictos familiares afecten el negocio y viceversa.

Educación Continua: Invierte en la educación y el desarrollo profesional de los miembros de la familia involucrados en el negocio. Mantenerse actualizado es fundamental para el éxito a largo plazo.

Ética Empresarial: Establece una cultura empresarial basada en valores éticos y principios sólidos. La ética empresarial sólida es esencial para la reputación y la confianza del cliente.

Plan de Sucesión: Considera un plan de sucesión desde el principio. Define cómo se transferirá el negocio a las generaciones futuras y cómo se manejarán las transiciones.

Evaluación Constante: Evalúa regularmente el desempeño del negocio y ajusta estrategias según sea necesario. La adaptabilidad es clave en el entorno empresarial.

Apoyo Externo: Busca consejo y apoyo externo cuando sea necesario. Consulta a expertos en negocios o a una red de empresarios familiares.

Celebración de Logros: Celebra los éxitos y logros en el negocio familiar. Reconoce y valora el esfuerzo y la dedicación de todos los miembros de la familia involucrados.

Balance de Vida y Trabajo: Mantén un equilibrio saludable entre el trabajo y la vida personal. Evita que el negocio absorba por completo la vida familiar.

La Importancia de las Tradiciones Familiares: Cómo las tradiciones pueden fortalecer los lazos familiares.

Las tradiciones familiares son pilares fundamentales que unen a las generaciones y fortalecen los lazos familiares a lo largo del tiempo. En "El Camino hacia la Prosperidad," reconocemos la profunda importancia de las tradiciones familiares y cómo pueden contribuir a la prosperidad en todas las áreas clave de la vida. Aquí, exploraremos por qué estas tradiciones son tan vitales y cómo pueden enriquecer la vida familiar.

La Significativa Importancia de las Tradiciones Familiares:

Herencia Cultural: Las tradiciones familiares a menudo reflejan la herencia cultural y las raíces de la familia. Mantener estas tradiciones es una forma de honrar y preservar la identidad cultural.

Coherencia y Continuidad: Las tradiciones brindan coherencia y continuidad a la vida familiar. Ofrecen una estructura que perdura a lo largo de las generaciones, incluso en tiempos de cambio.

Unión Familiar: Las tradiciones fomentan la unión familiar al proporcionar momentos significativos para conectarse y crear recuerdos compartidos.

Valores y Virtudes: Muchas tradiciones transmiten valores y virtudes importantes, como la gratitud, la generosidad, la solidaridad y la comprensión mutua.

Cómo Fortalecer los Lazos Familiares a Través de las Tradiciones:

Identificación de Tradiciones: Identifica y reconoce las tradiciones familiares existentes. Pueden incluir celebraciones de cumpleaños, festividades religiosas, comidas especiales, viajes anuales u otras actividades recurrentes.

Creación de Tradiciones: Crea nuevas tradiciones familiares. Estas pueden ser tan simples como una noche de películas mensual o tan significativas como un viaje anual en familia.

Involucramiento de Todos: Anima a todos los miembros de la familia a contribuir a la creación y mantenimiento de tradiciones. La participación activa promueve un sentido de pertenencia y compromiso.

Adaptabilidad: Sé flexible en la adaptación de tradiciones a medida que la familia crece y cambia. Las tradiciones pueden evolucionar con el tiempo para satisfacer las necesidades y deseos cambiantes.

Narración de Historias: Comparte historias familiares y anécdotas relacionadas con las tradiciones. Esto conecta a las generaciones y fortalece el sentido de la historia familiar.

Celebración de Logros: Usa las tradiciones como oportunidades para celebrar logros familiares, como graduaciones, bodas, aniversarios y otros hitos importantes.

Participación Activa: Fomenta la participación activa de los niños en las tradiciones. Estas experiencias pueden enriquecer su sentido de identidad y pertenencia.

Reflexión y Gratitud: Promueve la reflexión y la gratitud durante las tradiciones. Estos momentos pueden ser oportunidades para apreciar lo que tienen y fortalecer los lazos familiares.

Reconocimiento de Tradiciones Culturales: Si tu familia tiene una herencia cultural específica, asegúrate de transmitir y celebrar las tradiciones relacionadas con ella.

Documentación y Recuerdos: Documenta las tradiciones y los recuerdos familiares. Esto puede ser a través de fotografías, álbumes de recortes o diarios familiares.

Reuniones Familiares Especiales: Organiza reuniones familiares especiales donde se puedan celebrar y mantener las tradiciones. Esto puede ser especialmente valioso si la familia está dispersa geográficamente.

Compromiso Continuo: Muestra un compromiso continuo con las tradiciones familiares. A medida que las generaciones crezcan, estas tradiciones serán un legado importante que compartirán con las futuras.

Hábitos de Comunicación Financiera en Pareja: Mantener conversaciones financieras saludables en una relación amorosa.

La comunicación financiera en una relación amorosa puede ser un tema delicado, pero es esencial para construir una base sólida para el futuro. En "El Camino hacia la Prosperidad," reconocemos la importancia de desarrollar hábitos de comunicación financiera efectivos en la pareja como un medio para alcanzar la prosperidad en todas las áreas clave de la vida. A continuación, exploraremos por qué esta habilidad es crucial y cómo se pueden cultivar conversaciones financieras saludables en una relación.

La Importancia de la Comunicación Financiera en la Pareja:

Transparencia: La comunicación financiera promueve la transparencia y la confianza en la relación. Cuando ambos socios están informados sobre las finanzas, se sienten más seguros y conectados.

Planificación Conjunta: Permite la planificación conjunta de metas financieras a corto y largo plazo. Esto ayuda a garantizar que ambos estén en la misma página en cuanto a sus objetivos financieros compartidos.

Resolución de Conflictos: La comunicación abierta sobre el dinero facilita la resolución de conflictos financieros antes de que se conviertan en problemas más grandes.

Responsabilidad Compartida: Cuando ambos socios participan en la toma de decisiones financieras, se comparte la responsabilidad, lo que alivia la presión sobre un solo individuo.

Cómo Mantener Conversaciones Financieras Saludables en una Relación Amorosa:

Establece un Espacio Seguro: Crea un ambiente de confianza y respeto donde ambos se sientan cómodos hablando sobre dinero sin miedo a juicios o críticas.

Programa Momentos para Hablar: Establece momentos regulares para discutir las finanzas, como una vez al mes o antes de tomar decisiones financieras importantes.

Escucha Activa: Practica la escucha activa al prestar atención genuina a lo que tu pareja tiene que decir. Evita interrumpir y muestra empatía hacia sus preocupaciones y opiniones.

Objetivos Financieros Compartidos: Identifica y establece objetivos financieros compartidos. Estos pueden incluir ahorros para un viaje, la compra de una casa o la jubilación.

Presupuesto Conjunto: Trabajen juntos en la creación de un presupuesto familiar. Esto les ayudará a controlar los gastos y a asignar fondos de manera eficiente para alcanzar sus metas.

Habla de Valores Financieros: Comparte tus valores financieros y escucha los de tu pareja. Esto puede ayudar a comprender las prioridades y preferencias de cada uno.

Planificación para Emergencias: Discute cómo manejarían juntos situaciones financieras inesperadas, como pérdida de empleo o gastos médicos.

División de Gastos: Determina cómo dividirán los gastos en la relación. Algunas parejas optan por contribuir en proporción a sus ingresos, mientras que otras pueden preferir un enfoque más equitativo.

Evita Culpar o Criticar: Evita culpar o criticar a tu pareja por decisiones financieras pasadas. En su lugar, enfoquen sus esfuerzos en soluciones y en cómo pueden avanzar juntos.

Educación Financiera Conjunta: Si uno de los miembros de la pareja tiene más conocimientos financieros, comparte esa información de manera comprensible y participa juntos en la educación financiera.

Busca Ayuda Profesional: Si tienen dificultades para resolver problemas financieros, considera buscar la ayuda de un asesor financiero o consejero de parejas.

Celebración de Logros: Celebra juntos los logros financieros, ya sean pequeños o grandes. Reconoce y valora los esfuerzos mutuos para alcanzar sus metas.

Planificación de Metas en Familia: Establecer y perseguir metas juntos.

La planificación de metas en familia es un proceso poderoso que puede unir a los miembros de la familia hacia un objetivo común. En "El Camino hacia la Prosperidad," reconocemos la importancia de establecer y perseguir metas juntos como un medio para alcanzar la prosperidad en todas las áreas clave de la vida. A continuación, exploraremos por qué esta práctica es valiosa y cómo se pueden establecer y trabajar en metas familiares de manera efectiva.

La Importancia de la Planificación de Metas en Familia:

Cooperación y Colaboración: Establecer metas familiares fomenta la cooperación y la colaboración entre los miembros de la familia. Todos trabajan juntos hacia un objetivo común.

Claridad de Propósito: La planificación de metas proporciona claridad de propósito y dirección. Ayuda a la familia a centrarse en lo que es realmente importante para ellos.

Motivación y Compromiso: Las metas familiares pueden ser una fuente de motivación y compromiso. Cuando todos están comprometidos con un objetivo, es más probable que se esfuercen por alcanzarlo.

Fortalecimiento de Lazos: Perseguir metas juntos fortalece los lazos familiares al crear recuerdos compartidos y un sentido de logro colectivo.

Cómo Establecer y Trabajar en Metas Familiares de Manera Efectiva:

Reunión Familiar de Planificación: Organiza reuniones familiares regulares para discutir las metas. Esto puede ser mensual o trimestral, dependiendo de la complejidad de las metas.

Involucra a Todos: Asegúrate de que todos los miembros de la familia tengan la oportunidad de contribuir a la discusión y la planificación de metas. Incluso los niños pueden tener un papel en la selección de metas adecuadas para su edad.

Definición de Metas Claras: Asegúrate de que las metas estén bien definidas y sean específicas. Por ejemplo, en lugar de "viajar más", establece la meta de "hacer un viaje familiar a un lugar nuevo cada año".

Priorización de Metas: Si tienes varias metas, priorízalas. Esto ayudará a la familia a enfocarse en lo más importante y evitar sentirse abrumada.

Establece Plazos: Asigna plazos realistas para cada meta. Estos plazos proporcionan un sentido de urgencia y ayudan a mantener a todos responsables.

Desarrollo de un Plan de Acción: Crea un plan de acción detallado que describa los pasos necesarios para alcanzar cada meta. Esto puede incluir tareas específicas para cada miembro de la familia.

División de Responsabilidades: Asigna responsabilidades de acuerdo a las habilidades y las preferencias de cada miembro de la familia. Todos deben tener un papel en la ejecución del plan.

Seguimiento y Evaluación: Realiza un seguimiento regular del progreso hacia las metas y evalúa si es necesario realizar ajustes en el plan.

Celebra los Logros: Celebra los logros y los hitos alcanzados en el camino hacia las metas. Reconoce y valora los esfuerzos y los logros de todos los miembros de la familia.

Adaptabilidad: Sé flexible y esté dispuesto a ajustar las metas si surgen cambios en las circunstancias o en las prioridades de la familia.

Enseñanza de Valores: Utiliza la planificación de metas como una oportunidad para enseñar valores importantes, como la perseverancia, la responsabilidad y la colaboración.

Revisión y Reflexión: Al final de un período determinado, revisa el progreso y reflexiona sobre lo que se ha aprendido en el proceso de perseguir metas juntos.

Construyendo un Legado Familiar: Consideraciones sobre el patrimonio y la herencia.

La construcción de un legado familiar trasciende el tiempo y es un acto de amor y cuidado hacia las generaciones futuras. En "El Camino hacia la Prosperidad," reconocemos la importancia de considerar el patrimonio y la herencia como parte integral de la prosperidad en todas las áreas clave de la vida. Aquí, exploraremos por qué construir un legado familiar es significativo y cómo se pueden abordar las consideraciones relacionadas con el patrimonio y la herencia.

La Significativa Importancia de un Legado Familiar:

Perpetuación de Valores: Un legado familiar trasmite valores, creencias y tradiciones a las generaciones futuras, manteniendo vivos los principios que son importantes para la familia.

Seguridad Financiera: La planificación patrimonial adecuada puede brindar seguridad financiera a la familia, proporcionando recursos para las necesidades futuras, como la educación de los hijos o la jubilación.

Crecimiento y Empoderamiento: Un legado bien construido puede empoderar a las futuras generaciones para que alcancen sus objetivos y sueños. Puede incluir recursos financieros, educación y oportunidades.

Unión Familiar: La herencia y el patrimonio pueden unir a la familia en torno a metas comunes y objetivos compartidos, lo que fortalece los lazos familiares.

Consideraciones Importantes sobre el Patrimonio y la Herencia:

Testamento y Planificación Patrimonial: Consulta a un abogado especializado en planificación patrimonial para asegurarte de que tus deseos se reflejen en un testamento válido y un plan de sucesión.

Planificación de Impuestos: Comprende las implicaciones fiscales de tu patrimonio y busca estrategias para minimizar los impuestos a la herencia de manera legal.

Distribución de Bienes: Considera cómo deseas distribuir tus bienes y activos a tus herederos. Piensa en el impacto que esto tendrá en la familia y en su bienestar.

Educación Financiera: Invierte en la educación financiera de tus herederos. Enséñales sobre la administración del dinero, la inversión y la gestión financiera responsable.

Caridad y Filantropía: Considera incluir la caridad y la filantropía en tu planificación patrimonial. Puedes establecer fundaciones familiares o donar a causas que sean significativas para ti y tu familia.

Mantén Registros Actualizados: Asegúrate de mantener registros actualizados de tus activos, deudas, inversiones y otros aspectos financieros para facilitar la transición a tus herederos.

Comunicación Abierta: Habla con tu familia sobre tus deseos y expectativas en relación con el patrimonio y la herencia. La comunicación abierta puede evitar conflictos futuros.

Planificación a Largo Plazo: Piensa en cómo deseas que tu legado perdure en el tiempo. Esto puede incluir la protección de la riqueza a lo largo de las generaciones y la promoción de valores familiares.

Revisión Periódica: Revisa regularmente tu plan patrimonial para asegurarte de que siga siendo relevante y se ajuste a tus objetivos cambiantes y a las circunstancias familiares.

Asesoramiento Profesional: Busca el asesoramiento de profesionales financieros y legales para garantizar que tu plan patrimonial sea sólido y se ajuste a las leyes y regulaciones actuales.

Documentación Clara: Asegúrate de que todos los documentos legales relacionados con tu patrimonio estén en orden y sean fácilmente accesibles para tus herederos.

Celebración del Legado: Celebra y honra el legado familiar. Esto puede incluir eventos familiares, la narración de historias y la promoción de las tradiciones familiares.

Hábitos para una Crianza Positiva: Cómo criar hijos felices y saludables.

La crianza positiva es un aspecto fundamental de la prosperidad familiar y, en última instancia, contribuye a la prosperidad en todas las áreas clave de la vida. En "El Camino hacia la Prosperidad," reconocemos la importancia de cultivar hábitos que fomenten el bienestar y el desarrollo de los hijos, lo que a su vez fortalece la unidad familiar. A continuación, exploraremos por qué la crianza positiva es esencial y cómo se pueden desarrollar hábitos para criar hijos felices y saludables.

La Importancia de la Crianza Positiva:

Desarrollo Saludable: La crianza positiva proporciona un ambiente propicio para el desarrollo físico, emocional, cognitivo y social saludable de los niños.

Autoestima y Confianza: Fomenta la autoestima y la confianza en los niños al brindarles apoyo, amor y seguridad emocional.

Comunicación Efectiva: Establece una base sólida para la comunicación efectiva entre padres e hijos, lo que facilita la comprensión mutua y la resolución de conflictos.

Habilidades Sociales: Ayuda a los niños a desarrollar habilidades sociales positivas, como empatía, respeto y resolución de problemas.

Resiliencia: Enseña a los niños a enfrentar desafíos y dificultades de manera constructiva, lo que fomenta la resiliencia emocional.

Hábitos para una Crianza Positiva:

Amor y Afecto: Demuestra amor y afecto a tus hijos de manera regular. El cariño y la atención son fundamentales para su bienestar emocional.

Comunicación Abierta: Fomenta la comunicación abierta y honesta. Escucha activamente a tus hijos y respeta sus opiniones y sentimientos.

Establece Límites Claros: Establece límites y reglas claras en el hogar. Los límites proporcionan seguridad y estructura para los niños.

Modela Comportamiento Positivo: Sé un modelo a seguir positivo. Los niños aprenden observando el comportamiento de los adultos.

Recompensas y Consecuencias: Utiliza recompensas y consecuencias apropiadas para moldear el comportamiento. Enfócate en el refuerzo positivo cuando los niños se comporten bien.

Tiempo de Calidad: Dedica tiempo de calidad con tus hijos. Participa en actividades que les interesen y promuevan su desarrollo.

Fomenta la Autonomía: Anima la independencia y la toma de decisiones apropiadas para la edad. Esto ayuda a los niños a desarrollar habilidades de autocontrol y responsabilidad.

Disciplina Positiva: Opta por la disciplina positiva en lugar de castigos físicos o emocionales. La disciplina positiva se enfoca en enseñar y guiar en lugar de castigar.

Promoción de la Resolución de Conflictos: Enseña a tus hijos habilidades para resolver conflictos de manera efectiva, como hablar y escuchar, y buscar soluciones juntos.

Apoyo a la Educación: Valora la educación y apoya el aprendizaje de tus hijos. Participa activamente en su educación y fomenta el amor por el aprendizaje.

Fomenta la Empatía: Enseña a tus hijos a ser empáticos y considerados con los demás. Habla sobre la importancia de entender y respetar los sentimientos de los demás.

Promoción de la Salud: Establece hábitos saludables en la familia, como una dieta equilibrada, ejercicio regular y suficiente descanso.

Refuerza la Autoestima: Ayuda a tus hijos a construir una autoestima positiva elogiando sus esfuerzos y logros, y brindándoles apoyo cuando enfrenten desafíos.

Cuidado de la Salud Mental: Presta atención a la salud mental de tus hijos. Habla sobre emociones y busca ayuda profesional si es necesario.

Celebración de Éxitos: Celebra los éxitos y logros de tus hijos, por pequeños que sean. Esto refuerza su sentido de logro y motivación.

Apreciación de las Pequeñas Cosas en la Vida: Enfoque en la felicidad cotidiana.

En la búsqueda de prosperidad en la vida, a menudo tendemos a enfocarnos en metas ambiciosas y grandes logros, sin embargo, es igualmente importante encontrar alegría y gratitud en las pequeñas cosas de la vida cotidiana. La apreciación de las pequeñas cosas puede enriquecer nuestras vidas y contribuir significativamente a la sensación de bienestar en todas las áreas clave de la vida. En "El Camino hacia la Prosperidad," exploramos por qué este enfoque esencial y cómo podemos cultivar la apreciación de las pequeñas cosas para aumentar nuestra felicidad diaria.

La Importancia de Apreciar las Pequeñas Cosas:

Mejora la Perspectiva: Al enfocarnos en las pequeñas cosas positivas, podemos cambiar nuestra perspectiva y encontrar alegría incluso en momentos difíciles.

Reduce el Estrés: La gratitud y la apreciación pueden ayudarnos a reducir el estrés al centrarnos en lo que está yendo bien en lugar de preocuparnos por lo que falta.

Fomenta la Conexión: La apreciación de las pequeñas cosas puede fortalecer las relaciones al hacernos más conscientes de los gestos de amor y apoyo de los demás.

Mejora la Salud Mental: Practicar la gratitud y la apreciación se ha relacionado con una mejor salud mental y una mayor satisfacción con la vida.

Cómo Cultivar la Apreciación de las Pequeñas Cosas:

Meditación y Mindfulness: La meditación y la atención plena son herramientas efectivas para entrenar la mente en la apreciación del momento presente.

Diario de Gratitud: Lleva un diario de gratitud en el que escribas cosas pequeñas por las que te sientas agradecido cada día.

Practica la Atención Plena: Dedica tiempo a observar conscientemente tus actividades diarias, saboreando los detalles y prestando atención a tus sentidos.

Comparte Tus Sentimientos: Expresa tu aprecio a las personas que te rodean. A menudo, compartir tus sentimientos de gratitud puede fortalecer las relaciones.

Realiza Actos de Bondad: Realizar pequeños actos de bondad hacia los demás puede generar una sensación de satisfacción y alegría.

Disfruta de la Naturaleza: Conéctate con la naturaleza y aprecia su belleza. Salir a dar un paseo al aire libre puede renovar tu aprecio por el mundo que te rodea.

Celebra los Momentos Cotidianos: Celebra los hitos cotidianos, como una comida deliciosa, una conversación significativa o un momento de tranquilidad.

Desconéctate de la Tecnología: A veces, desconectarse de las pantallas y las distracciones tecnológicas puede ayudarte a apreciar mejor el mundo real.

Practica la Gratitud en Familia: Fomenta la gratitud en tu familia al compartir momentos en los que cada miembro comparta algo por lo que esté agradecido.

Voluntariado y Servicio: El servicio a los demás puede generar un profundo sentido de gratitud y aprecio por lo que tienes.

Aprende de las Experiencias: Incluso los desafíos pueden brindar lecciones valiosas. Reflexiona sobre lo que has aprendido de las dificultades.

Sé Presente: En lugar de preocuparte por el pasado o el futuro, sé consciente y agradecido por el momento presente.

Fomenta la Empatía: Practica la empatía al intentar comprender las experiencias y perspectivas de los demás.

Aprecia el Arte y la Cultura: Disfruta de la música, el arte, la literatura y otras formas de expresión artística que pueden inspirar gratitud y aprecio.

Sé Autocompasivo: Trátate a ti mismo con amabilidad y autocompasión, reconociendo tus logros y esfuerzos, por pequeños que sean.

Celebración del Éxito en Familia: Cómo celebrar logros y fortalecer los lazos familiares.

La celebración del éxito en familia es una poderosa herramienta para fortalecer los lazos familiares y fomentar un ambiente de apoyo mutuo. En "El Camino hacia la Prosperidad," reconocemos la importancia de reconocer y celebrar los logros, grandes o pequeños, como parte integral de la prosperidad en todas las áreas clave de la vida. A continuación, exploraremos por qué la celebración del éxito en familia es esencial y cómo puedes incorporar esta práctica en tu vida diaria.

La Importancia de Celebrar el Éxito en Familia:

Fortalecimiento de Vínculos: La celebración del éxito une a la familia al crear recuerdos compartidos y alentar un sentido de pertenencia y apoyo mutuo.

Reforzar la Autoestima: Celebrar logros personales y familiares refuerza la autoestima de todos los miembros de la familia, especialmente de los niños.

Motivación Continua: El reconocimiento y la celebración del éxito motivan a todos a esforzarse por alcanzar sus objetivos y continuar trabajando juntos como equipo.

Promoción de la Gratitud: La celebración del éxito fomenta la gratitud al recordar a la familia las bendiciones y oportunidades que tienen.

Cómo Celebrar el Éxito en Familia:

Reconocimiento Sincero: El primer paso para celebrar el éxito en familia es el reconocimiento sincero de los logros. Asegúrate de que todos se sientan valorados y apreciados por sus esfuerzos.

Comparte Historias: Anima a los miembros de la familia a compartir sus éxitos y logros personales. Escucha sus historias y celebra sus victorias junto a ellos.

Rituales de Celebración: Crea rituales o tradiciones familiares de celebración, como una cena especial, una salida divertida o una noche de juegos en familia.

Premios y Reconocimientos: Reconoce los logros con premios y reconocimientos simbólicos, como certificados, medallas o trofeos familiares.

Álbum de Logros: Mantén un álbum de logros familiares donde puedas registrar y recordar los éxitos a lo largo del tiempo.

Fotos y Videos: Documenta los momentos de celebración con fotos y videos que puedas mirar juntos en el futuro.

Cartas de Felicitación: Escribe cartas de felicitación a los miembros de la familia cuando logren algo significativo. Estas cartas pueden convertirse en tesoros emocionales.

Celebración de Objetivos Cumplidos: Celebra los objetivos alcanzados con entusiasmo, ya sea un nuevo trabajo, una promoción, un logro académico o cualquier otro hito importante.

Celebración de Cumpleaños y Aniversarios: Aprovecha las ocasiones especiales, como cumpleaños y aniversarios, para celebrar los éxitos personales y familiares.

Agradecimiento en Grupo: Organiza sesiones de agradecimiento en grupo en las que cada miembro de la familia agradezca a los demás por su apoyo y contribuciones.

Voluntariado en Grupo: Trabaja juntos como familia en proyectos de voluntariado para ayudar a los demás y celebrar el éxito colectivo de hacer una diferencia en la comunidad.

Celebración de Esfuerzo: No solo celebres los logros finales, también celebra los esfuerzos y las mejoras en el camino hacia el éxito.

Establece Metas Familiares: Define metas familiares y celebra cuando se alcancen. Esto puede incluir metas financieras, de salud o de relaciones familiares.

Enseñanza de Valores: Utiliza la celebración del éxito como una oportunidad para enseñar valores familiares, como la perseverancia y la colaboración.

Cena de Éxito: Organiza una cena especial de éxito en la que todos los miembros de la familia compartan sus logros y metas.

Don't miss out!

Visit the website below and you can sign up to receive emails whenever Arthur Anderson publishes a new book. There's no charge and no obligation.

https://books2read.com/r/B-A-VJPZ-KTMZC

BOOKS 2 READ

Connecting independent readers to independent writers.

Also by Arthur Anderson

Las Mejores 20 Ideas para Ganar Dinero en Internet
Travesía Cósmica: Explorando los Límites del Universo"
El Misterio de El Risco Tenebroso: Secretos, Sacrificio y Redención
"The Mystery of the Dark Cliff: Secrets, Sacrifice, and Redemption"
Cosmic Journey: Exploring the Boundaries of the Universe
Las Mejores Ideas de Inversión con Poco Dinero y Buen Resultado
The Best 20 Ideas for Making Money Online
The Best Low-Capital Investment Ideas with Good Results
Henrik and the Ghost Island: The Legend of Zimbha Nau
Treasures and Betrayals: In Search of the Isle of Death
Henrik y la Isla Fantasma: La Leyenda de Zimbha Nau
Los Espíritus de Versaviz: Secretos de una Casa Antigua
Tesoros y Traiciones: En Busca de la Isla de la Muerte
The Spirits of Versaviz: Secrets of an Ancient House
The Three Kingdoms War: Battle for Seelanth
Asteroid X: Battle on the Alien Planet
Asteroid X: Batalla en el Planeta Alienígena
La Guerra de los Tres Reinos: Batalla por Seelanth
Pyros: El Juicio Final de la Humanidad
Pyros: the Final Judgment of Humanity
On the Trail of the Killer: Secrets Aboard
Tras las Huellas del Asesino: Secretos Abordo
La Lucha por Ucronix: la Última Frontera
The Struggle for Ucronix: The Final Frontier
20 hábitos Sencillos Para ser Buen Ciclista Amateur

Dark Dimensions: The Forbidden Experiment of Bheskents

Dimensiones Oscuras: El Experimento Prohibido de Bheskents

Between the Hallways of Disappearance

Entre los Pasillos de la Desaparición

El Bosque de la Muerte: La Amenaza de Alzedhsia

The Forest of Death: The Threat of Alzedhsia

Caza Mortal: La Bestia de los Bosques

Deadly Hunt: The Beast of the Forest

El Pueblo Maldito de Nisselbachk

The Cursed Town of Nisselbachk

Destrom-1: La Travesía Intergaláctica

Destrom-1: The Intergalactic Journey

Moslavje: In the Footsteps of the Cursed Forest

Moslavje: Tras las Huellas del Bosque Maldito

Pasos hacia la Libertad Financiera: De Deudas a Ahorros e Inversiones Inteligentes

Steps towards Financial Freedom: From Debt to Savings and Smart Investments

Hábitos Para Mejorar Tus Finanzas Personales y Ser un Buen Inversionista

Habits to Improve Your Personal Finances and Become a Good Investor

El Camino Hacia la Prosperidad: Hábitos Para una Vida Plena en Familia, Finanzas y Amor

The Path to Prosperity: Habits for a Fulfilling Life in Family, Finance, and Love